辰巳芳子
スープの手ほどき
和の部

辰巳芳子

辰巳芳子　スープの手ほどき　和の部

第一章
季節のみそ汁

各民族は、そのおかれた風土の特質と一体化して生き抜き、
進化をはたし、今日《いま》がある。
私どもの「米・みそ・沢庵」はこの意味で骨肉。
カネとは次元の異なる、いのちに関わる無償の遺産であろう。
男も女も「おみおつけ」が自在につくれるか否か、
結婚が砂上楼に終わらぬための、礎石《そせき》の一つである。

みそ汁のこと

辰巳芳子

みそ汁——おみおつけ。こんなもの誰でもつくる、つくれると思っていたら、大当てはずれ、しかも甚しい見当違いであることが、わかってしまった。

それは、妊婦をも含む高学歴の若い女性、十九歳から三十歳頃まで、百名余の一日三食、一週間分の、献立報告の故である（私自身の行った調査）。

即ち、具たくさんのおみおつけ型をとっている人は既婚者を含めて皆無。かろうじて週一、二回、夕食にみそ汁を食す人もいるが、具材から察するに袋のみそ汁かもしれない。

献立中、もっとも回数多く出てくるのは、菓子パン、中華饅頭、即席麵、ボトルのお茶。会社又は学校の食堂。

この傾向は、女子のみでなく男子も同様であろう。

それかこれか低体重児が出生率の一割近くまでに増加している。

低体重児とは二千五百グラム未満、この三十年で倍増する勢いである。低体重児は体力、智力ともに低下しがちの上、成人後は生活習慣病になりやすい。

読者は未来の日本人と国の「生命力」を予想なされるだろう。

何故、何時の間にこうなったの？　理由をあげつらいたいが、むしろその暇に、身近な若い方々に美味なるみそ汁を飲ませて上げて下さい、ほっとし、思わず笑顔がこぼれるようなね。

共にみそを擂《す》り、季節の汁をつくってほしい。ぐずぐずしていると、日本の底が抜ける。

みそ汁は、あらゆる意味で、生きてゆく明暗を分かつ食べものなのだから。あってもなくてもよいとはいえない。

こうした現状をふまえて、みそ汁の解説をするのは重い。しかし心ある方が、若者達を開眼させて下さるはずを願って、要点を申し上げる。

やはり第一は、「みそ」であろう。白みそ系の甘め、これはやはり京都。中辛は各地に郷里自慢がある。もっともしっかりしているのは、八丁みそと呼ぶ三州みそ。

みそをえらぶ場合は、いずれもなんとか国産大豆製を求めること、用い方は、季節と具材の種類により、中辛に白みそを加え、加減調節をする。八丁みそは、特に耐暑効果に卓越しているから、本ものに頼るとよい。

第二は、だし。昆布とかつお節の一番だしが基本だが野菜たっぷりなら二番だしでよく、他の乾雑魚類や魚のあらも、現今重要な頼りである。日本人はカルシウム不足だから、鶏、豚のスペアリブにも目をむけて欲しい。昆布は、天然ものを整形する時の裁ち落しは暮しを助ける。

第三は、季節の野菜と薬味、吸口に敏感であって欲しい。風土の移行と私共の生理代謝は手を携えている。豆腐、湯葉、麩の類も忘れてはならない。

第四は、道具。擂鉢と、水嚢《ふるい》。みそを擂った時の香気を知らぬ若者が多いだろう。万能漉《こ》しを通過させるのとは話しが違う。これを馬毛の水嚢でこすのがホント。

本書では、三十年来、陰になり日向になり、仕事を支えてくださった矢板靖代さんにも表舞台に上がっていただいた。

矢板さんの優しさは、ついてゆきやすいと思う。

春から夏

穴子の天ぷら、ささがきごぼうのみそ汁

夏から秋
焼きなすのみそ汁

穴子の天ぷら、ささがきごぼうのみそ汁

菜肴一体、穴子の天ぷらが、これ程「みそ汁」と一つになり「うまさ」をつくるとは思わなかった。汁をすすり、穴子をかりっと一口、ごぼうはぱりっと鼻の奥で香る、お替りは針しょうがでひりり。間のよいことね。

つくり方（18ページ参照）

1 だしは昆布とかつお節でしっかりめ。みそは中辛に白みそ三分ほど。擂鉢で十分する。だしでやや濃目に仕立てておき、こす。穴子は皮のぬめりを包丁の峰でこそぐ。これを立塩で洗い、ざるに上げる。ささがきごぼう、みょうがの薄切りはつけ水にさらす。しょうがは千切り。

2 万端ととのえば鍋は卓上コンロへ。薬味類は十分水切り、あげたての天ぷらと盛り合わせる。あたためた器に天ぷらを据え、天ぷらのわきから汁を張り、薬味を添えて食す。

焼きなすのみそ汁

焼きなすのみそ汁は輪切りにしたなすに塩を振り、アクをとる時に、表面に膜ができる。塩の作った膜が、なすが大量に油を吸うのを防ぐ。

なすのアク抜きを、イタリア式散塩方法に変えて四十余年。八丁みその直線的な性の強さ、油焼きしたなすの香気。互いに求め合うかのごとく補っての美味である。常用はむろん、懐石にも供しうる。

つくり方（18ページ参照）

1　みそは当然、岡崎カクキューの本八丁みそ。なすの皮はだんだらむき、１センチ弱の輪切り。塩は材料の３％ほど、切り口の両面に振る。暫時放置すると表面にアクがふき出る。さっと水洗いし布を押しあて、キリッと水分を取る。

2　強火で油焼きする。始めに塩を振る。このイタリア式は、田楽・泥亀づけ・おろし和《あ》え・すべてに通用してあまりある。

秋から冬
大根と里いも、
生麩の小鍋仕立て

冬から春

埋《うず》み豆腐

大根と里いも、生麩の小鍋仕立て

秋から冬にかけ、体を芯からあたため、時候をしのぐ食方法がある、これは代表的な一例。なぜなら、大根と里いも、そしてみそはやさしく甘めにするから。ここでは粟麩を添え、贅沢しているが、厚揚げ、がんも、焼きもちも楽しい。若者用には、スペアリブ、手羽を用いるとよい。

つくり方**（19ページ参照）**

コツ二点。

1 大根の千六本を一時間ほど風干しし、大根臭をさり、歯ざわりを添える。

2 里いもは乱切り、糠水で軽くゆで、熱湯をくぐらせ、糠気をさる。みそは白六、中辛四ほど。菜汁一体をふりゆずなどで召し上がれ。

埋み豆腐

このような経験おありでしょうか、①御飯にみそ汁をかけてざぶざぶ食べる。②汁の方に御飯を少々ずつ沈めては、その都度さらさら食べる。あるものはみそ汁と御飯。にもかかわらずの、大差を生ずるのです。①はネコ飯、②は形をととのえて、この埋み豆腐となりました。寒夜のこの国ならではのお振舞いである。食し方も芸のうちと心得る。

つくり方（19ページ参照）

1　汁は中辛仕立て。これを四対六と別鍋に分け火にかける。豆腐は大ぶり、四分の鍋に入れて温める。

2　これを大ぶり椀に据え、炊きたての御飯を着せる。六分の鍋のお汁をすくい、豆腐のわきから注ぐ。さらしねぎは天盛り。切りのりを添えて供す。

みその種類

淡色中辛みそ

みそは大豆を発酵させる麹の種類によって豆みそ、麦みそ、米みそに分けられる。米みそが８割ほどを占め、長野や宮城の中辛みそも米みそ。

八丁みそ

代表的な豆みそ。愛知周辺でつくられ、本八丁は３年かける。田楽の練りみそやたれ類の隠し味、鉄火みそなどにも使われ、魚肉臭を消去する。

白みそ

京の貴族が甘味を求め、大豆に対して米麹の量を増やし、塩分を極限的に控えてつくらせた。冬季に向き、生麩や里いも、かぶなどと調和する。

穴子の天ぷら、
ささがきごぼう
のみそ汁
盛り付けの一例

かんどころ

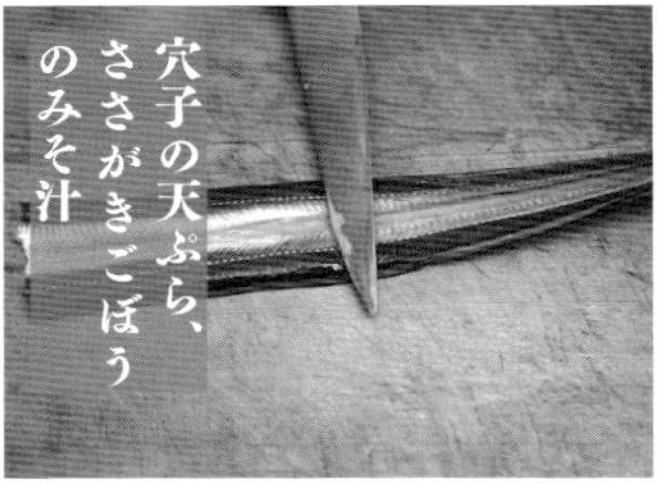

天ぷらにする穴子は皮のぬめりを包丁の峰でこそぎおとす。立塩で洗い、ざるに上げる。

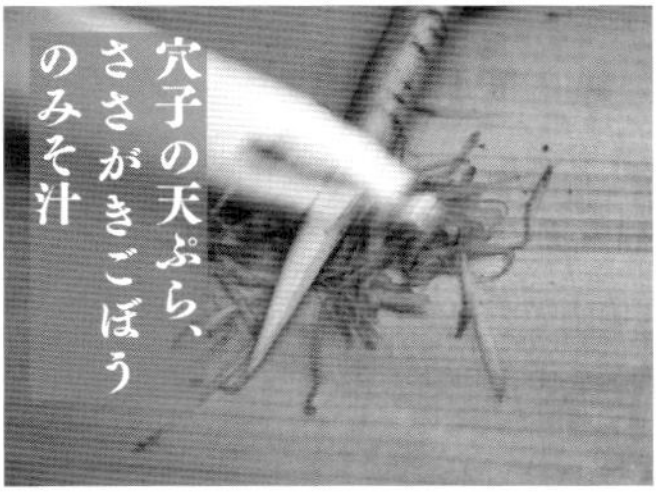

ささがきごぼうは鉛筆を削るように切る。筋状にできる山の頂上を薄く切り取るように。

なすの両面に塩を振り、アク抜きをする。塩の作る膜が、なすが大量に油を吸うことを防ぐ。

小鍋仕立てに用いる大根は千六本に切り、ざるに並べて1時間ほど風に当てておく。

埋み豆腐のねぎは押さえつけず、手前に引き切りする。断面をなめらかに薄く切るため。

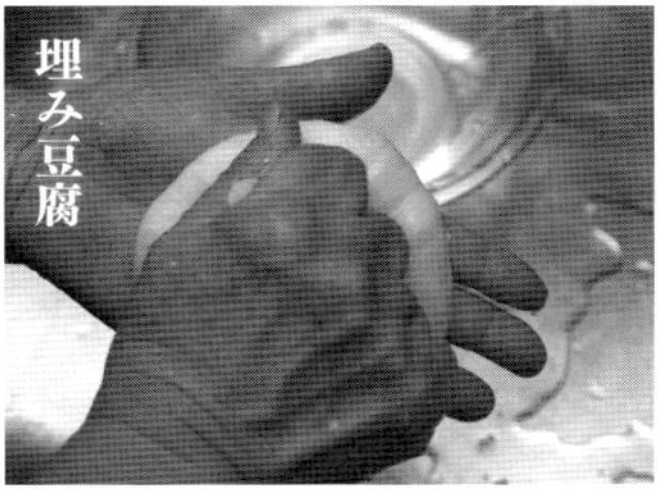

薄く切ったねぎはふきんで包み、片方の掌に乗せ、流水の下で転がすように押し洗う。

なぜ鍋仕立てを提案したのか

冒頭で、都会生活をする若者達の食傾向と、その結果について記した。

「何故?」を質《ただ》して、方策をたてるのが本来だが、こと「食」に関わることでは、飢えた人を前にして、なぜこうなったかと論ずる人はまずいない。まず食べさせてからであろう。

低体重児の激増は、飢えた子が目前にいるのと同様ではあるまいか。

この章で具たくさんのおみおつけを鍋仕立て又は小鍋仕立てで食

べてゆこうとすすめるのは（10、14ページ）、飢えた状態に、とりあえず食べさせるに等しい、一種の緊急手当で、時代におもねるのではない。

なぜ具たくさんの鍋仕立てなら、菓子パン、中華饅頭族、コンビニ好きにも近づきやすいか。典型的炉端風景を想像していただこう。火には鍋／それには多少のだし材料がほとびれている／野菜類は、足つき俎板で、順次切っては鍋に投じる／頃合いを確かめ二、三回調味する／油揚げの類があれば嬉し、餅を入れる、卵を割り込む、肉類をしのばせることもある。苦もなく煮炊きし、漬物をもつけた人は大卒者などではない、そして共働きを当然とした人々である。蛇足かもしれぬが、おみおつけ一人分の原価は、一級材料で百三十円。人生やるか、やらぬか、分岐点である。

辰巳芳子 スープの手ほどき 和の部 ◉目次

写真

小林庸浩　4～19、116～168、170～171、174ページ

後　勝彦　23、32～113、169下、173ページ

和の汁もの

一段目
だしの種類

- 精進だし
  - 昆布、干ししいたけ、かんぴょう、炒り大豆
  - 野菜の類（たまねぎ、セロリ、じゃがいも、大根、かぶ、にんじん、白菜、日本ねぎ、切り干し大根、乾燥にんじん）
- 昆布とかつお節
  - 椀盛り
  - みそ汁、粕汁
  - 鍋、蒸しもの

魚介と昆布のだし

鶏のだし

二段目
だしの素材

いりこ

その他の魚介（土地がらの特長をもった
あご、さより、はぜ、ちか、貝類）

三段目
何に向くか

惣菜用の煮汁

みそ汁、粕汁

鍋、汁かけ飯、
おかゆ

序文に代えて

わきまえ事

お茶の間の火鉢のかたわらで、なんと色々のこと、、を教えてもらったであろう。

「かき餅ってもんは三十六回返すと、万遍なく焼けるものよ／海苔を焼く時は、中表に合わせ、海苔のふちからふちへ、網の上をなぞるように焼いてゆくと、まん中は自然に焼けてゆくものよ／金柑を煮る時は／豆を炊くには／やわらかい炭と硬い炭は、とり合わせて使う／炭火を立てる／ねかせる、炭火の上から灰をふりかける／粉炭をびっくりするほどいけ込み、灰全体をあたためる」などなど。

母は料理を教えるつもりなど全く持たず、素材にふさわしい火力のつくり方、その用い方を教えた。つまり「火」に対するわきまえ事を見せ、聞かせた。

わきまえ事と一言でいえば、ものの道理、ものごとの方則であると思う。

それかこれか、いま私は、ガス火を「0（余熱）から10」と計り、時に覆いを用いる。他人様にも同様に教える。教えることができる。思うにこの火の扱いから自然発生的に溢出したのが、私のスープかもしれない。

教えようと思って、教えたのではない。

つくろうと思って、つくったのではない。

他意のないこと、そのものであった。

私のスープの歴史は、四十余年前にさかのぼる。私のフランス料理の師匠は、加藤正之先生。スープと野菜で十四年の修業をなさり、宮内庁大膳寮で秋山徳蔵先生と共に仕事をされた。かのポール・クローデル（駐日フランス大使だった）が、大膳寮の料理を世界一と絶賛した時代と重なる。先生は完全献立で教えられ、スープはコースの最初に供し、料理全体の幸先を示すからと、細心の注意を払われた。

先生のスープに対する態度は、当然私にのり移った。スープをつくっていると、先生の言葉が耳によみがえる。十三年の稽古だもの。先生も母も亡き後、スープは一見みなし児になるかと見えたが、いのちをかけて養われたものは芽吹くものである。

教え子と共に鎌倉のタケダ訪問看護クリニックへ、スープサービスをする／後継者の養成／本の出版／医療の場への助言。

五年前、こんなこともあった。味の素が私のスープを分析させて欲しいといった。

「びっくりしました。グルタミンが多量に残っていました。グルタ

ミンは加熱すると消失するのが定石であるのに、ノーベル賞もので
すよ」

　私のスープは生クリームもバターも使わぬ程質素である。何故、グルタミンという旨味が残存しているか。材料でなく技術である。即ち0から10に至る火加減の故であろう。加えて、具材をまぜ合わせるへら使いもあるだろう。へら使いは、風呂場で体を洗ってもらった思い出の応用だ。色々な人がお風呂に入れてくれたが、母は、左から右へ、右から左へと組織的に洗い、心地よかった。この洗われ心地を、たまねぎ、じゃがいもにあてはめた。具材はくずれず、つやを帯びて火が通る。

「0から10へ　左から右へ」

　七十余年を経た深井戸からの汲み上げ。

　いま一番、嬉しいのは、逝く方が美味しいとほほえまれたという知らせである。

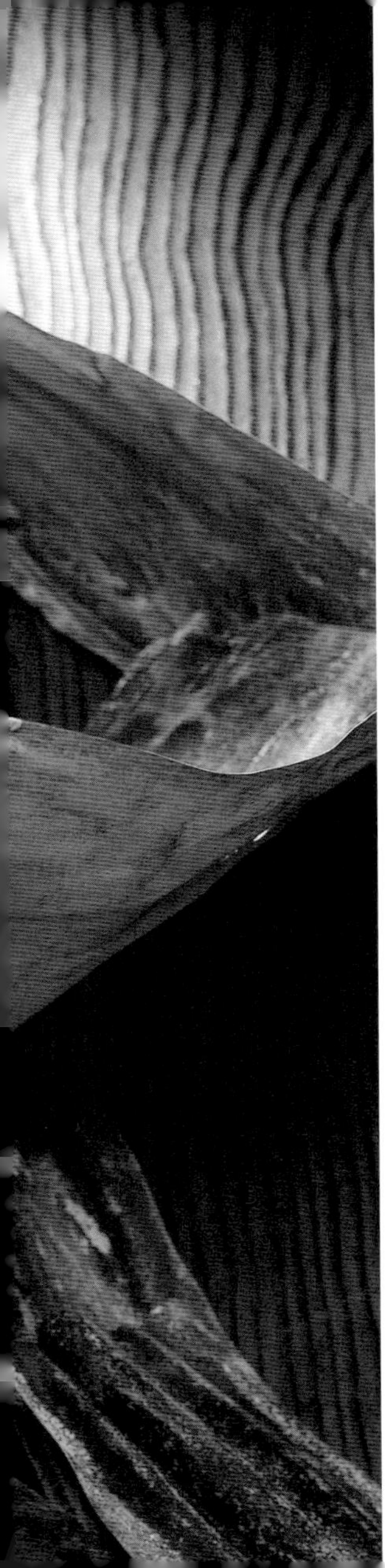

文化のなかには手放してよいものと、
頼らなければならないものがある。
伝えなくてもよいものと、
伝えなければならないものがある。
時代は略式へ変わっても、
だしがなければ日本料理は、
味にも形にも力にもならない。

第二章
和の基本だしのひき方

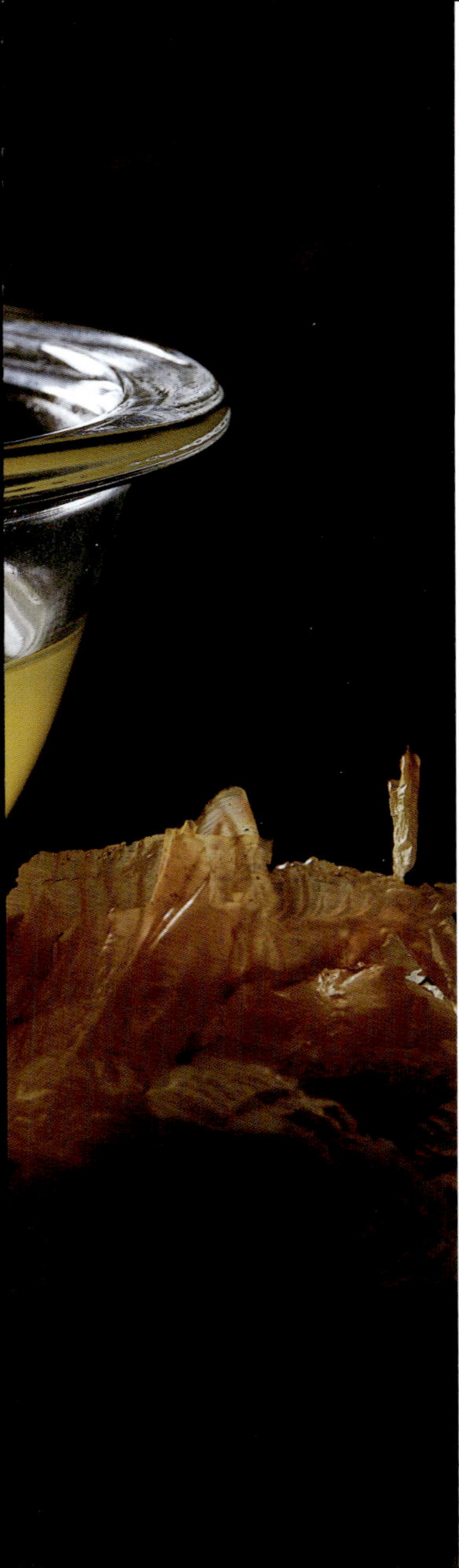

あらゆる場面で力となる

一番だし

一番だし

材料

水…カップ10

昆布…5センチ角10枚

かつお節…40グラム

下拵え

鍋に水カップ10と昆布を入れ、最低でも1時間はおく。つけてすぐに水の味を確かめておくと、どれほど旨味が出たのか、後に確認しやすい。

つくり方

1　昆布をつけおいた鍋を中火の強の火にかける。昆布の縁に小さな気泡がつき、ゆらりとしたら火を弱める。

2　アクを取りながら沸騰直前の状態を保ち、味をみて十分に旨味が出たなら昆布を取り出す。どれだけ煮れば旨味が出るのか、昆布によって違うため必ず味をみて確かめる。味が引き出されるまでだいたい15～20分。昆布を除いた汁は昆布だしといって、精進だしのひとつ。

3　昆布を取り出したら、盃1杯程度（分量外）の水を加えて鍋の温度を下げ、かつお節を鍋全体に広げるように入れる。かつお節がいったん沈んで浮いてきたら味をみて用意しておいたこし器でこす。この間は5呼吸ほどで、あまり長く煮ない。雑味が出るので、こす時はかつお節を押さえ込まない。

4　だしを保存するときは再び50度程度まで加熱して、低温殺菌する。冷めてから梅干しを入れてもよい。続けて二番だしをひく時は、取り出した昆布とかつお節を再び煮る（詳細は48ページ）。

かんどころ

昆布を水に入れておく。つけてすぐ水の味をみておくと、後に旨味を確認しやすい。

鍋の火加減を沸騰直前の状態に保ち、味をみて十分に旨味が出ていたら、昆布をとり出す。

かつお節を入れるため、水を加えたり、鍋を火から下ろしたりしながら、温度を下げる。

かつお節は鍋全体に広げ入れる。かつお節が浮いてくるまで5呼吸ほど煮て、火から下ろす。

用意しておいたこし器でこす。雑味が出るのを防ぐため、かつお節を搾ったりしない。

続けて二番だしをひく時は、とり出した昆布とこしたかつお節、さらにかつお節を追加して煮る。

偶然とはいえぬ自然と人智の合力

日本のだしは、海のものの組み合わせ、野山のものの組み合わせで、旨味と滋養を創出するよう勘考してある。

世界の羹汁《スープ》に比すと、一見力弱く見えるが湿度の高い風土を生きるには、このひかえめがまことに有効と認められてならぬ。

精進だしの具材に乾《ほ》したものを用いること。調理時間が至って短いこと。偶然とはいえぬ自然と人智の合力だ。

食材が姿を消す時は、手の平を返すようになくなることを、肝に銘ずるとよい。いずれだし材料は枯渇するだろう。

今、稽古しておかぬと、代替材料との新たな出合いを、はたすこともできぬ人になる。

「やってきた人にだけものは自分の深意を明かす」

ものは賢い。

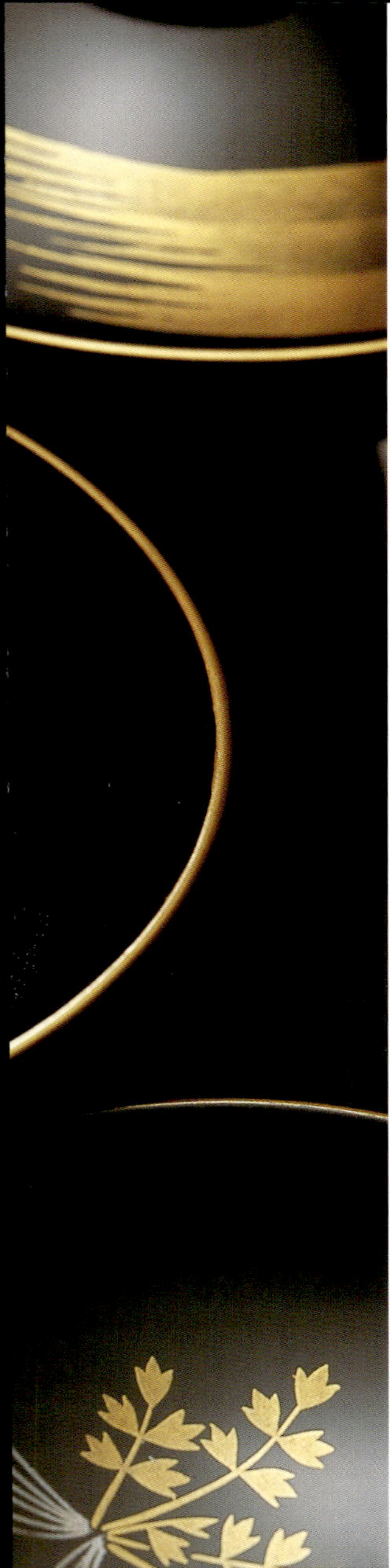

一番だしを使って

鶏肉の丸《がん》の椀

鶏肉の丸の椀

丸の材料

鶏上ひき肉…400グラム
塩…少々
しょうがの搾り汁…小さじ2
みりん…大さじ1
しょうゆ…大さじ1
白みそ…大さじ2
卵…1個
浮き粉…大さじ3（片栗粉の場合は大さじ2）
二番だしまたは水…カップ2分の1

煮汁の材料

二番だし…カップ6
昆布…5センチ角3枚
干ししいたけ…小4枚
塩…少々、酒…大さじ4
みりん…少々
薄口しょうゆ…大さじ3

下拵え

煮汁はあらかじめ準備する。平鍋に二番だしと、昆布、干ししいたけを入れて1時間おき、塩、酒、みりん、薄口しょうゆを加えて煮立てる。

つくり方

1 鶏ひき肉をボウルに入れ、塩、しょうが汁、みりん、しょうゆ、白みそ、卵を加え、指でよく混ぜる。浮き粉をだしで溶き、少しずつ加えて混ぜる。46ページ指の写真のように、できるだけゆるく軟らかくする。

2 右ページのように準備した煮汁を煮立てながら丸の準備をする。大きいさじを水でぬらし、ゴムべらとともに整形する。

3 大さじを煮汁の表面に持っていき、ゴムべらで押し出すように鍋へ落とし入れる。さじの種類によって形が変わるので、さまざま試すとよい。

4 すべてを落とし、丸の表面が白くなってきたら、切り込みを入れた紙ぶたをする。途中で一度、丸の上下を返し、15分ほど煮る。

5 煮汁ごとバットに移し、そのまま一晩おいて味をなじませる。供する時は、あらかじめすまし汁を仕立てる。生麩やしいたけなどの具と丸をすまし汁適量で温め、具だけを椀に盛り、さらに別に温めたすまし汁を張る。温めすぎて雑味を出さぬためのひと手間である。ゆずを添えて。

かんどころ

ボウルの材料をよく混ぜる。浮き粉を、だしか水で溶き、少しずつ加えて軟らかくする。

大さじを汁の表面に持っていき、ゴムべらで押し出すように鍋へと落とし入れていく。

すべての丸を落とし、丸の表面が白くなってきたら、切り込みを入れた紙ぶたをする。

紙ぶたをあけて途中で一度、丸の上下を返す。15分ほど煮たら、汁ごとバットに移して一晩おく。

小鍋の一番だしは塩としょうゆで調味する。丸などの具は一度に食べるだけ小鍋に入れて温め、ゆずを搾り供する。煮もの、なます、太巻きすしなどとともに。

一番だしからの展開

二番だし

つくり方

一番だしで使った昆布とかつお節を鍋に入れ、水カップ8を加えて中火の強の火にかける。煮えがついたら、ひとつかみのかつお節を加えて火を弱め、25分ほどふつふつと煮る。旨味を確かめて、すばやくこす。

さまざまなだしの役立て方

	一番だし	二番だし
汁もの	すまし汁、みそ汁	みそ汁
あんかけ	くずあん、黄身あん	(向かない)
煮もの	野菜、乾物	野菜、乾物
蒸しもの	野菜、茶碗蒸し、卵豆腐	(向かない)
鍋もの	寄鍋、鍋仕立て、おでん	惣菜の寄鍋、おでん
御飯もの	炊き込み御飯、かゆ、汁かけ飯	炊き込み御飯、かゆ、汁かけ飯
麺類	にゅうめん、うどん、そば	にゅうめん、うどん、そば
浸しもの	野菜、海藻、南蛮漬け、数の子など	野菜、海藻、南蛮漬け
隠し味	卵焼き類、しんじょ類	(向かない)
合わせ調味料	二杯酢、三杯酢、八方つゆ、麺つゆ	二杯酢、三杯酢、八方つゆ、麺つゆ

二杯酢

つくり方

酢大さじ3、薄口しょうゆ大さじ2〜2と2分の1、塩少々を合わせ、味をみながらだしカップ1を少しずつ加える。

三杯酢

つくり方

酢大さじ3弱、薄口しょうゆ大さじ1強、塩少々、煮きりみりん大さじ1強を合わせ、味をみながらだしカップ1を少しずつ加え、混ぜる。

八方つゆ

つくり方

酒カップ3分の2と、みりんカップ2分の1を鍋で煮きり、薄口しょうゆカップ1を加える。味をみながらだしカップ1を少しずつ加えて混ぜる。用途に応じてだしの量を変える。

山海の幸を凝縮

煮干しだし

煮干しだし

煮干しの鍋の材料
煮干しの粉…大さじ3
水…カップ3

昆布と干ししいたけの鍋の材料
昆布…5センチ角5～6枚
干ししいたけ…小5～6枚（大2枚）
水…カップ7

煮干しの粉をつくる
光沢のある煮干しを入手する。頭と身に分け、頭のえらにつく血塊を除く。身は背の部分に親指を、腹の部分に人指し指をあて、つぶすように押して割き、はらわたをとる。
頭と身は火が通る時間が違うため別々に炒る。平鍋を火にかけ、鍋が温まったら蛍火にし、身を入れる。香りが立ち、ぽきりと折れる状態まで20分ほど炒り、頭も同様に炒る。身も頭も54ページ指の写真の色で出来上がり。身も頭も擂鉢《すりばち》などで粗い粉にして一緒にびんに入れ、冷蔵庫や冷凍庫で保存する。

つくり方（煮干しの粉をつくる時間のない人は167ページの市販の粉を参照）

1　前ページのような手順で煮干しの粉をつくっておく。

2　ふたつの小鍋に分量の「煮干しの粉と水」「昆布と干ししいたけ、水」をそれぞれ入れて、最低でも1時間はそのままおく。別の鍋に入れるのは、煮干しのくせを昆布などに影響させないため。

3　**2**のふたつの鍋を同時に弱火にかける。先に煮干しの鍋に煮えがつくので、沸騰する直前のふつふつとした状態を保つように火を加減する。昆布と干ししいたけの鍋も煮えがついたら同様にする。

4　味をみて煮干しの味が十分に出ていたら、水で湿らせた布（不織布の紙タオルなど）をざるに敷き、煮干しのだしを昆布と干ししいたけの鍋へこし入れる。煮干しの旨味が出るのは煮えがついてから数分のこともあり、10分弱かかることもある。

5　**4**を沸騰直前に保ち、10〜20分煮る。旨味が限界まで引き出されたら、昆布としいたけを取り除く。布で再度こすのがていねいな方法。しいたけはさまざまな料理に応用できる。

かんどころ

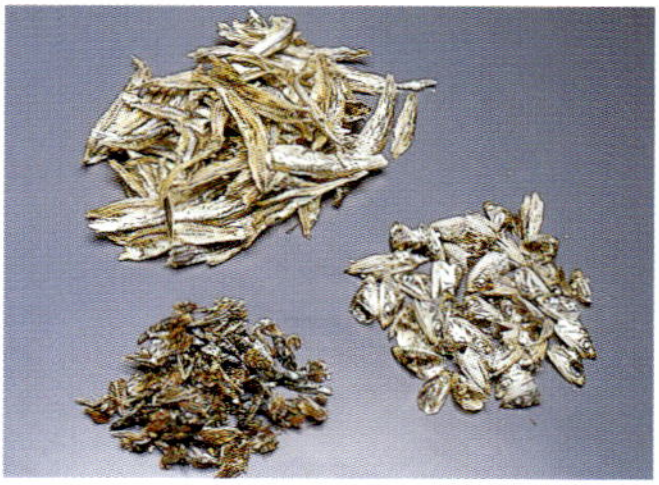

身が割れていない新鮮な煮干しを入手し、頭と身に分けて血塊とはらわたを取り除く。

煮干しの頭と身は別々に鍋で炒り、擂鉢《すりばち》やフードプロセッサーで粗い粉末にして保存する。

鍋をふたつ用意し、「煮干しの粉」「昆布、干ししいたけ」に分けて入れ、ともに分量の水につけおく。

ふたつの鍋を同時に弱火にかける。それぞれ煮えがついたら沸騰する直前の状態を保つ。

味をみて煮干しの旨味が十分出ていたら、煮汁を昆布と干ししいたけの鍋へこし入れる。

そのまま10～20分煮て旨味が限界まで引き出されたら、昆布としいたけを取り除く。

だしのある贅沢を忘れずに

習慣のない人がだしをひくようになるには、相応の決心がいる。

安全なものを選ぶように心がけてはいたが、私にも粉末状のだしを使った経験がないわけではない。娘が幼稚園へ入る頃、パックで売られるかつお節の種類が充実し、よいものを選べるようになった。それまで手で削っていたかつお節をパックに替えたところ、娘に「どうしてかつお節を削らなくなったの」と聞かれたのを覚えている。娘はその頃、家で母がかつお節を削る風景をごく当たり前の日常的なものと感じていたわけである。ささやかだが、とても大切なことのように思う。

とはいえ、一番だしのようにかつお節をふんだんに使うひき方は、経済的に抵抗がある方もいることだろう。質が高く、値の張らないかつお節もあるはずだから、周囲でよく探してみて欲しい。

紹介しているレシピでは、一番だしがかなり多量にひける。週末に二番だしまでまとめてつくれば、それから一週間、さまざまな食べ心地を享受できる。そして忙しい方もだしさえあれば、調理に手間がかからない。二杯酢、三杯酢、八方つゆまでつくりおくと、だしの素など買う必要がない。

結局、日々の習慣にすることが、わずらわしさから逃れる一番の早道なのかもしれない。

（文・辰巳芳子スープの会　矢板靖代）

第三章 いのちに寄り添う煎汁《せんじゅう》

しいたけや昆布、梅干しは、
この風土が生み育てた
類いまれな食品だ。
古くから寺院が大切にしたものは
すべてわけがある。
美味のみでなく、
医食同源的理由で
かならず備えられている。

私たちを守る玄米の煎汁

食文化というものは、各民族がよりよく、生成発展なしうるために、生命《いのち》をはって、勘考に勘考を重ね試行した体験の統計である。

生き抜かねばならなかった道筋にあるものは、不思議に目立つもの、大げさなもの、美々しいものではない。

玄米スープもまた、そのもののひとつ。離乳期から臨終に至るまで、私たちを守る煎汁である。

予期せぬことであったが、滋養効能以外に、排便をたすけたという多くの報告を受けている。

玄米を一週間分ほどまとめ炒りすると、苦もなく毎日煎じることができる。ところが、現代人にとって炒りものは大層むつかしいらしい。

玄米を自分で炒ることができれば申し分ないが、自分自身が病気、または看病せねばならぬ立場になると、中々炒ることができぬ。

このような方々のために、新潟県の新発田市に在るＮＰＯ法人加治川が、玄米を人の手で炒り、商品とし、販売してくださった（１６９ページ参照）。

離乳期から臨終まで

玄米スープ

玄米スープ

材料

炒った無農薬有機栽培玄米…カップ2分の1ほど
天然昆布…5センチ角2〜3枚
梅干し…1個（種なら3個）
水…カップ5
※玄米はカップ2ほどをまとめ炒りする。

つくり方

玄米を炒る（時間のない人は169ページの市販の炒り玄米を参照）

1　玄米は洗って30分ほど水につけ、ざるに上げ、6時間ほどおく。

2　厚手の平鍋を熱し、玄米を入れる。全開を10とするなら6ほどの火力で、米の中心部に熱を通し、米をふくらませるつもりで加熱する。ピチッピチッという米のはぜる音を聞くようになったら火力を3に落とす。木べらで全体を混ぜながら、香ばしく全体が小麦色になるまで20分ほど炒る。きつね色では炒りすぎ。

炒り玄米を煎じる

3　ほうろうのポットに玄米と昆布、梅干し、水を入れて火にかける。最初は中火、煮立ったらふたをずらし、火を落としてふつふつと30分ほど炊く。煮出す限界を見極めるため、煎汁と玄米を味わう。玄米に味が残っていれば、煮出し方が足りない。

4　火を止めたら、こし器ですぐにこす。こした煎汁を温めた別器に移しすすめる。残った玄米は67ページのように手を加えると無駄がない。

かんどころ

平鍋を使い、火力は全開を10とするならまずは6。米をふくらませるつもりで火を通す。

米がはぜる音を聞いたら火力を3にし、小麦色になるまで炒る。きつね色では炒りすぎなので注意。

ほうろうのポットで煎じる。煮立ったらふつふつとする程度の火加減に。火を弱めすぎない。

玄米の味をすべて引き出したら火を止め、すぐにこす。煎汁は温めた別のポットに移す。

展開例

玄米のおじや

だしを加えて残った玄米をおじやにする。葛か、水溶き片栗粉で食べやすくまとめる。

つけ合わせ

残った玄米が温かいうちに、一緒に炊いた梅干し（つぶし気味にする）、オリーブ油を振りかけ、全体にまぶす。

菌蕈《きんじん》研究所の報告から

しいたけスープは、しいたけ、昆布、梅干しを蒸すという手法で滋味を引き出す。直火でなく蒸すという間接加熱の故に、しいたけのえぐみを抑え、旨味をていねいに引き出すことを可能にする。かならず国産の原木しいたけを使うのは、なら、くぬぎの力をもらうことに他ならない。

鳥取市に在る「財団法人日本きのこセンター　菌蕈研究所」は、日本初の、きのこを含む菌類学術研究機関だと聞く。

その研究所が調べたところ、ならやくぬぎの原木しいたけは自然に近い里山で育ち、床とする原木そのものから栄養をもらっている。おがくずで育ち、ぬか類を栄養剤とする菌床栽培しいたけは、おもに栄養剤の成分からなるというから、全く別もの（最新情報・おからで菌床を考案している）。

原木しいたけは骨を丈夫にし、肥満を防ぎ、免疫力を高め、コレステロール値や動脈硬化を改善させる栄養素を含むという。とくに干ししいたけは、生しいたけより多くの恩恵がある。骨を健康にするビタミンDは日に当てることでうなぎ上りに増し、戻し汁はコレステロール値や血圧を大いに下げる効果が期待できるゆえ。

煎汁のしいたけスープは、干ししいたけの滋味を余すところなく、引き出している。

母乳のような滋味ある汁もの

しいたけスープ

しいたけスープ

材料
日本産原木干ししいたけ…30〜40グラム
昆布…5センチ角3〜4枚
水…カップ6
梅干し…1個

下拵え
鍋に分量の水を入れ、しいたけと昆布をつけて1時間ほどおく。

つくり方（しいたけスープを蒸すには169ページで紹介する蒸気調理鍋が最適）

1　鍋につけおいたしいたけの軸のつけ根を押し、芯がなくなったら、しいたけと昆布を水から取り出す。取り出したしいたけと昆布は蒸し器に落とせる容器（ボウルなど）に入れ、梅干しを加える。しいたけはもどしすぎに注意する。

2　蒸し時間短縮のため、しいたけのもどし汁の入った鍋は別に火にかけ、熱くなったら布でこしながら**1**の容器に加える。

3　たっぷり水の入る蒸し器を用意して、**2**の容器を落とし入れ、容器にふたをする。ふたがないボウルなどを使う場合は、平皿などで代用するとよい。蒸し器にもふたをして、蒸し始める。

4　蒸し時間は蒸気が上がって40分ほど。蒸気が絶えない程度に火を弱めて蒸し、40分に近づいたら味を確かめる。かすかに梅の酸味がただよい、しいたけのくどさがない味ならば蒸し上がり。

5　火を止めて水気をきりながら、しいたけ、昆布、梅干しを取り出す。この時、強く搾らない。出来上がった煎汁は布でこし、火にかけて低温で殺菌する。

かんどころ

戻したしいたけと昆布を水から取り出し、ふたができる容器に入れ、梅干しを加える。

もどし汁の入った鍋は別に火にかけ、熱くなったら布の上から容器へこし入れる。

蒸気調理鍋などの蒸し器を用意し、ふたをした容器を落とし入れる。蒸し器にもふたをする。

40分ほど蒸し、梅の酸味がただよい、しいたけのくどさのない味になったら蒸し上がり。

出来上がった煎汁からしいたけなどを取り出してこし、火にかけてごく低温で殺菌する。

疲れたときほど効用を思い知る

煎汁というのは、食材を水に入れて火力で凝縮したもの。玄米スープとしいたけスープは、〝いのちに寄り添うスープ〟を代表する煎汁である。玄米スープは直火で炊き出すが、しいたけスープは直火でなく、蒸す手法を使う。

飲むとどちらもくせがなく、すっとからだに入るのを感じる。しいたけスープはシンプルな調理法だが、上質のコンソメのような仕上がりになる。

ただどちらもあまりに繊細な味なので、からだの調子がよいときは、物足りなく思う方があるかもしれない。しかし疲れを感じたとき、ぜひ試してみていただきたい。からだが楽になり、煎汁の力を実感できるはずだ。

残ったしいたけはスープからとり出すとき、搾らず旨味を残すようにする。半量はそのまま、半量は薄切りにして炊けば、煮ものや汁ものに合わせて使い回せる。そのまま刻んで、カレーペーストやミートソースに加えても美味。

カップに受けるしいたけスープは、蒸したてに勝るものはない。温めなおすなら湯せんにかけるのが、ていねいであろう。

玄米スープもしいたけスープも、健康な方はもちろん、ご病人、その介護をする方に至るまで、どなたの心身にもしみいる。

（文・矢板靖代）

しいたけスープ 展開例

しいたけの利用法

残ったしいたけは、そのまま煮ものの材料に。薄切りにしてだし、砂糖、みりん、しょうゆで炊いて保存すれば、汁ものの具にできる。

カレーペースト

しいたけとにんにくとしょうが、たまねぎ、豚ひき肉などを炒め、カレー粉、小麦粉を振って混ぜ、トマト、しょうゆ、ブイヨン、塩、こしょうを加え炊く。

しいたけの炊き込み御飯に焼きあなごを載せ、刻みゆずを振ったお弁当。しいたけスープと、即席のしば漬けを添えて。

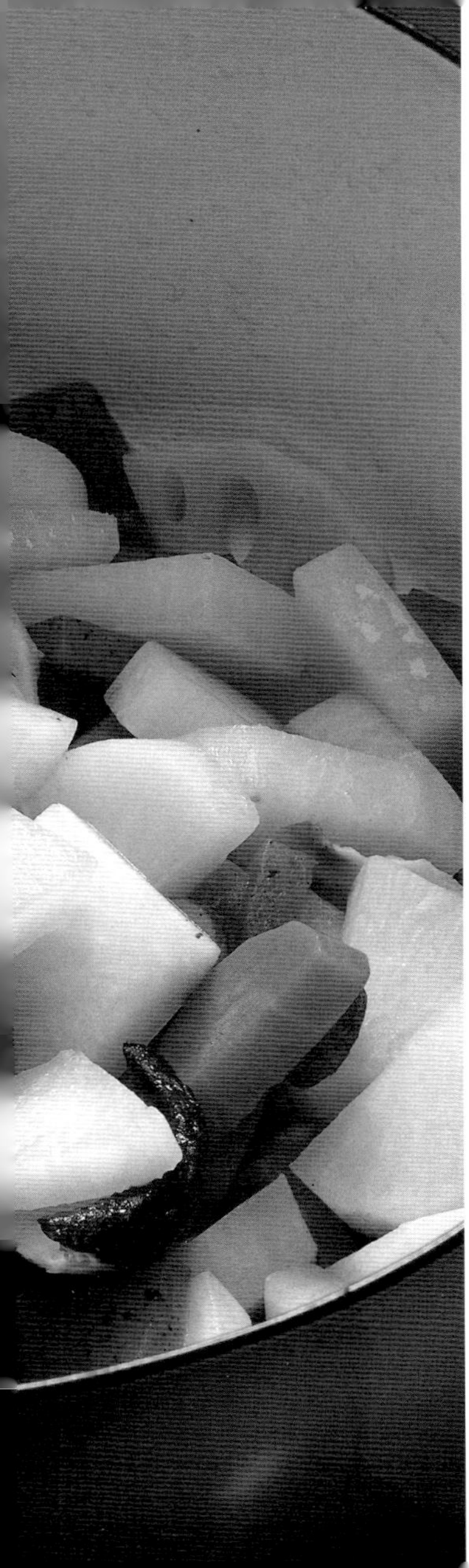

『あなたのために』という、
スープの本を発刊したのは九年前、
時代の中でぶれぬよう五百余名を教えるという
実験の篩《ふるい》にかけたから、
解説の訂正は今のところ認められぬが、
近年医学研究は腸の消化吸収の仕組みを解き、
スープの意義は再認された。

第四章
大地の賜もの

このスープは、熱湯を注げば出来上がる「種」の状態で作りおく。特に雑穀を得意とする地域の方の参考になる。

秋の稔りを集約する
雑穀のスープ

雑穀のスープ　①下拵え

スープ種をつくる

スープ種の材料（1単位7〜8人分）

豚ひき肉…200グラム
しょうがの搾り汁と酒…各大さじ1
ベーコン…70グラム
干ししいたけ…3〜4枚
大麦…100グラム
ひえ、あわ、きび…それぞれ40グラム
たまねぎ…130グラム
セロリ…70グラム
オリーブ油…大さじ3、塩…小さじ3分の2、白ワイン…カップ3分の1
鶏のブイヨンとしいたけの戻し汁…合わせてカップ2〜4

下拵え

豚ひき肉にしょうがの搾り汁と酒を振り混ぜ、2時間以上おく。ベーコンはいぶした部分を切り落として湯引き、5ミリ厚さの拍子木に切る。しいたけは水で戻し、みじん切り。雑穀はそれぞれふきんで包み、流水でよくもみ洗いし、水に10分さらして水気をきる。たまねぎとセロリもみじん切りに。

スープ種のつくり方

1　厚手の鍋にたまねぎとオリーブ油を入れ、木べらでなじませてから火をつける。ふたをして弱火にし、時々木べらでていねいに混ぜる。ふたについた水分は鍋へ戻し、たまねぎの刺激臭が抜けてよい香りが立つまで焦げないよう蒸らし炒める。

2　**1**の鍋にセロリを加え、セロリに油がなじんで透き通ってきたら豚ひき肉、ベーコンを加え、時々混ぜる作業を続ける。焦げそうなら水少々を加えるとよい。豚ひき肉の色が変わってからもしばらく炒め続ける。

3　肉を十分に炒めたらしいたけ、塩を加えて蒸らし炒めを続ける。しいたけがしんなりしたら、雑穀を大麦、ひえ、あわ、きびの順に加えてその都度炒め合わせる。

4　**3**の鍋に白ワインを加えてよくなじませ、鶏のブイヨンとしいたけの戻し汁を加える。火を中火の強にし、煮立ったら弱火に戻し、かゆ状になるまで15〜20分炊く。吹きこぼれに注意をし、焦げないように時々木べらを鍋底に当ててよく混ぜる。

※種は3単位はまとめて作り、1単位ずつに分けて冷凍庫で保存する。仕上げるときは88ページの手順。こんな便利はない。給食センターに取り入れるとよい。

かんどころ

戻した干ししいたけ、たまねぎ、セロリはすべてみじん切りにする。

たまねぎを蒸らし炒め、セロリ、豚肉、ベーコンの順に加える。肉が変色してもしばらく炒める。

しいたけ、塩も加えた後、雑穀を大麦、ひえ、あわ、きびの順に加えて炒め合わせる。

白ワインを加えてよくなじませ、鶏のブイヨンとしいたけの戻し汁をひたひたになるまで加える。

かゆ状になるまで15〜20分、弱火で炊く。ときどき木べらを鍋底に当ててよく混ぜる。

種は84ページ材料の3倍をまとめて作り、1単位ずつに分けて冷凍庫で保存すると勝手がよい。

雑穀のスープ　②仕上げ

種からスープをつくる

材料

雑穀スープの種…1単位
里いも、または山いも…適量
揚げ油…適量、湯…適量、塩…適宜、パセリ、またはしょうがのみじん切り…適宜

つくり方

1　里いもは皮をむき、乱切りにして180度の油で素揚げし、軽く塩を振る。
2　雑穀スープの種を解凍して鍋に入れ、好みの濃度になるように熱湯を注ぎ、ふたをして弱火で温める。
3　**2**の鍋に**1**の里いもを加え、5～10分ほど煮てスープになじませ、味をみて必要なら塩を加える。
4　火を止め器に盛り、好みでパセリかしょうがを振る。

第四章　大地の賜もの

献立の一例

平皿に受けた雑穀スープに魚介の南蛮漬け、きゅうりとみょうが、大根の漬け物を添えたもの。

魚介の南蛮漬けのつくり方

甘酢の材料

酢…カップ3分の2
酒…カップ3分の1
塩…小さじ3分の2〜
砂糖…大さじ1と2分の1〜
しょうゆ…大さじ2分の1〜
水、または昆布だし…カップ3分の2

甘酢の材料を鍋に入れ、弱火で温めてから適当な容器に移し、素揚げした魚介や野菜、赤唐辛子を熱いうちに入れて半日ほど漬ける。

上手に美味に雑穀を食す

静かな雑穀好みがひろがっている。その理由は①アトピーなどのアレルギー症状を抑える、②白米に比しミネラル、たんぱく質、食物繊維が豊富、③余計な肥料、農薬不要で栽培できる穀物、ということのようだ。「雑穀」とは、米、小麦、とうもろこし以外の小粒穀物の総称。代表的なものは、ひえ、あわ、きび、もろこし、そば、アマランサスなどである。

昭和初期頃までは体力のある方が多かった。完全軍備八貫目三十二キロ、日本の歩兵はこれで歩いた。雑穀を食した体質の故という方もある。

生命の質は一代ではできない。たとえば私たちは自らの体の中に、三代前の生命の傾向を簡単に認められるではないか。都会の若者の菓子パン、中華饅頭、ボトル飲料で、生命の質といえるほどのものは伝えられるだろうか。

さて、日本の雑穀自給率は一〇%といわれている。雑穀は、気候の変化にもよく耐えると聞く。日本の休耕地対策は飼料米の水田より、即雑穀の畑にする方が効率的ではないか。それには、消費者がより自覚して上手に美味に雑穀を食す習慣を身につけ、需要を増やさねばならぬ。

雑穀は栄養的に優秀であるが、昔ながら米に混ぜて炊くのでは、そのくせがおさまりきらない。紹介の扱いは、雑穀臭とアク気をもっとも簡単な方法で、何気なくおさめている。その要諦は油脂の使い方にある。なめず、参考にしてほしい。

この雑穀スープに、私はとりの砂肝と心臓を湯引いて加える。栄養的に十分であり、うずら、きじなどの野鳥が使えれば趣もある。客料理にもなろう。

合いの手に工夫したサラダ、食後に美味なる果物があればまとまる。

からだのほてりを鎮める

冬瓜の葛引き

腎機能を高める夏野菜

冬瓜は東南アジアを原産地とし、漢方では、からだの熱をとり、冷やす野菜とされている。種を利尿剤として用いるなど、腎臓の働きを助ける薬効をもつという。夏野菜であって冬瓜と呼ばれるわけは一説に、冷暗所で冬まで保存可能だから。近ごろの厳しい夏を乗り切るため、食卓へのせたい食材のひとつだ。

調理の注意は、冬瓜を煮すぎないこと。煮すぎると、酸味を引き出す場合がある。冬瓜の代わりに夕顔の実や、長く太く育ったおばけきゅうりを使うことがあるが、いずれも同じだ。

この葛引きは鶏そぼろと合わせる食べ方もすすめたい。つくり方は99ページと同じだが、材料から油揚げを省き、冬瓜と梅干しをだしで煮る。枝豆と同時に鶏そぼろを加えて調味、葛を引く。安価で、子供も楽しみな汁ものが完成する。

鶏のそぼろは別につくり準備する。材料は例えば鶏ひき肉200グラムなら、酒、しょうゆ、砂糖、塩をそれぞれ適量。鍋にすべての材料を入れてよく混ぜ、カップ2分の1の水を加え、さらに混ぜる。とろとろになったら梅干しの種を加えて火にかけ、箸4〜5本を使ってかき混ぜながら炒りつける。火から下ろすときは余熱を考え、水分を少し残した状態で止めるとよい。これを冷凍保存すれば、さまざまな料理に使え、とても便利。さらに101ページの冬瓜の甘酢漬けは、食せばつるりとさわやか、朝食のサラダ代わり、ビールの供と重宝する。

（文・矢板靖代）

冬瓜の葛引き

材料

冬瓜…1キログラム
干ししいたけ…3〜4枚
油揚げ…適量
枝豆…適量
だし（一番だし、煮干しだし、あごや干しえび、干し貝柱を水で戻しただし、鶏のブイヨンなどからときにより選ぶ）…カップ6〜
塩…小さじ1強、梅干し…1個
薄口しょうゆ…大さじ1強
葛…大さじ3〜7
みょうが…適量

下拵え

冬瓜は厚い輪切りにし、皮を厚くむいて、縦5センチ、横3〜4センチの角切りにする。種を守るわたは捨てず、煮ていく途中で加える。

干ししいたけは水で戻してじくを除き、薄切りにする。油揚げは沸騰した湯に入れて油抜きし、短冊に切る。枝豆はゆでてさやから豆を出しておく。

つくり方

1 角切りにした冬瓜をざっと洗い、皮があった部分を下にして鍋底にきっちり納まるように並べる。

2 **1**にだしをひたひたに張り、塩小さじ半量、梅干し、しいたけ、油揚げを加えて弱火で静かに煮て、途中で適宜に切ったわたも加えて煮続ける。

3 **2**が八分どおり煮えたら火を止め、枝豆を加えて全体を余熱で軟らかくする。

4 味をみて必要なだけだしを加え、葛を溶くために鍋から煮汁カップ3分の2をボウルなどに取り分ける。鍋を再び弱火にかけ、残りの塩、薄口しょうゆを加えて調味する。

5 取り分けた煮汁が冷めてから葛を溶く。鍋中を木べらで混ぜながら、溶いた葛を少しずつ加え、とろみがついたら火を止める。

6 **5**を椀に受け、薄く切って氷水に放ったみょうがを盛る。

かんどころ

角切りにした冬瓜を皮目の部分が下になるようにして鍋底にきっちり納まるように並べる。

だしをひたひたに張り、塩と梅干し、しいたけ、油揚げを加えて弱火で静かに煮る。

鍋からとり分けた煮汁が冷めたら葛を溶き、鍋中を木べらで混ぜながら、少しずつ加える。

葛を少しずつ加えて、とろみがついたら火を止める。左のような状態が出来上がり。

展開例

冬瓜の甘酢漬け

99ページの3で八分どおり煮えた冬瓜の適量を取り、清潔なびんへ詰める。同時に煮汁カップ1も取り、酢大さじ2と2分の1、薄口しょうゆ大さじ1と2分の1、塩小さじ4分の1、砂糖小さじ2を鍋に入れてひと煮立ちさせ、火を止め冷めたらびんに注ぎ、冷蔵庫で保存する。半日で食べられる。

工夫が生む澄んだ旨味

けんちん汁

面白味のある一案

けんちん汁は仲秋から冬の間、日本人の体が絶対に必要とする成分を、一椀中に充実させた食べ物である。大切に大切につくりつづけ、食べつづけねばならない。

愛する、愛しつづけるには、工夫、頓智まで必要をご存じ？　たかが食べ方ではない。単なる汁もの扱いで、体によいからと繰り返し食膳に出る、食指はにぶるのではないか。

ここに面白味のある一案を試みてみる。

汁は、鍋仕立てにし、食卓の中央に。薬味も用意。焼きたての餅は持って出る。

あつあつの餅を器にすえ、あつあつのけんちんをきせかけ、好みの薬味を添えて食す。餅は、白餅、玄米餅を取り合わせるも面白い。

演出の楽しみどころは、鍋の「合いの手」。

寒さばの酢〆め／この酢〆めをあぶったもの／ぶりのあれこれ／金沢のかぶらずし、大根ずし／かきのオイル漬け／白菜漬け／べったら漬け／きざみ柚子の蜜ねり、などなど。

熱燗をすすめるわけではないが、秋の夜長である。

それでも、たっぷりめのけんちんが残ったら、日曜のブランチに「おじや」。世話なしである。

私のけんちんは、日本古来のつくり方に疑問を持ち、イタリアのミネストローネの手法でてこ入れした。

あの母が「これから、うちのけんちんはこれでゆこう」といったのだから、間違いない。

材料の切り方

にんじん

皮をむいて5ミリ厚さのいちょう切りにし、水に10分ほどさらす。旨味や栄養素が逃げてしまうので、水に浸しすぎない。

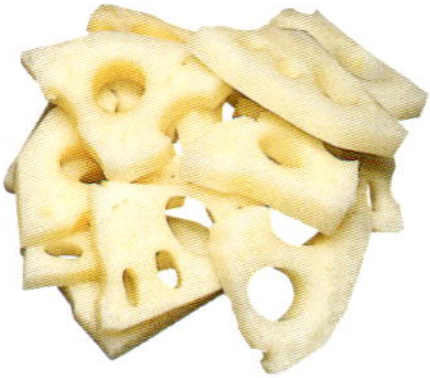

れんこん

皮をむいて6ミリ厚さのいちょう切りにし、水に10分ほどさらしておく。にんじんと同じように、さらしすぎに注意する。

油揚げ

1.5センチ角の色紙切りにする。油抜きの必要がない油揚げもあるが、多くは湯にくぐらせ油をとってから使うほうがよい。

里いも

皮をむきふきんで表面のぬめりをふき、乱切りにする。または切ってから米のとぎ汁で五分どおりゆで、別の湯で静かに洗う。

大根

皮をむき厚さ１センチ弱のいちょう切り。大根の厚さが全材料の基準。にんじんとごぼうは２分の１程度の厚さ。

ごぼう

表面の泥だけ落として厚さ５ミリ弱の輪切りにし、ひたひたの水に浸けアクを抜く。アク抜きの水は途中で換えない。

干ししいたけ

小さめなら戻して軸を落とし、４つに切る。大きい場合は臨機応変に。だしをひいた後のしいたけを使ってもよい。

こんにゃく

塩でもんで下ゆでし、７ミリ厚さの色紙切りにする。塩もみして下ゆでするのは、こんにゃくのくさみを除く下処理の基本。

けんちん汁

材料

ごぼう…100グラム
オリーブ油（サラダ油でも可）…大さじ2と2分の1、にんじん…150グラム
れんこん…150グラム
大根…500グラム
こんにゃく…3分の2枚
干ししいたけ…4～5枚、油揚げ…1枚半
煮干しだし（52ページ参照）…カップ10
塩…小さじ1、薄口しょうゆ…大さじ3
里いも…300グラム
木綿豆腐…1丁（350グラム）

つくり方

1 厚手の鍋に107ページの要領で下ごしらえをしたごぼうとオリーブ油を入れ、木べらで混ぜてから弱火にかけてふたをする。時々ふたを開けて静かに混ぜ、ごぼうの香りに包まれるまで蒸らし炒める。

2 **1**へにんじんを加える。にんじんにつやが出たら、れんこん、大根の順に加える。その間も時々ふたの水分を鍋に落としながら、ていねいに材料を炒め続ける。

3 大根が透明になったらこんにゃくを加える。鍋の材料を片側へ寄せ、鍋底で直接こんにゃくを炒めるとくさみが抜けやすい。続いて、しいたけ、油揚げを加える。

4 しいたけ、油揚げを加えて軽く混ぜたら、煮干しだしを温めてから、ひたひたになるまで入れる。塩としょうゆの半量も加えて、沸騰するまで中火で煮る。

5 **4**に里いもを加える。沸騰してから加えないと、ぬめりが出る。

6 **5**をふつふつと煮る。里いもが軟らかくなったら、水切りしておいた豆腐を手でくずしながら加える。残りのだしと塩を入れ、しょうゆで味を調え、豆腐が温まるまで煮る。

かんどころ

ごぼうから蒸らし炒める。時々ふたを開けて混ぜ、ごぼうの香りに包まれるまで炒める。

にんじんを加えてつやが出たら れんこんを加え、写真の状態になったら大根を加える。

材料を鍋の片側へ寄せてこんにゃくを加え、鍋底で直接炒めるとくさみが抜けやすい。

しいたけ、油揚げを加えて軽く混ぜたら煮干しだしを温めてから、ひたひたになるまで入れる。

里いもを加える。このとき、沸騰してから加えないと、ぬめりが出るので注意する。

里いもが軟らかくなったら、水切りしておいた豆腐を手でくずしながら鍋に加える。

展開例

翌日も美味を保つ

余った具と汁を分けて保存することを、おすすめする。翌日も味が崩れたりしない。鍋にそのまま放置すると互いの味が影響する。

ほうとう鍋

けんちん汁にだしで溶いたみそを加えて火にかけ、沸騰したらほうとうを加える。七分どおり下ゆでしたかぼちゃ、鶏肉も加え、麺に火が通れば出来上がり。

根菜たっぷりのけんちん汁は、白いごはんと、主菜に魚の柚香焼きなどを添える。青菜のお浸しなどが加わればなおよし。

個の風味の生かし方

紅葉の季節を迎えたら真っ先につくりたくなるのが、根菜のけんちん汁だ。けんちん汁といえば、豆腐から炒めはじめ、根菜類を一度に加えてさらに炒めるのが一般的なように思う。スープ教室のけんちんちんは、それとずいぶん違うことにお気づきだろうか。

従来の方法もそれはそれでよいのだろうが、豆腐は早くから入れるとばらばらになり、根菜類には互いの風味が移って、せっかくの汁もあらゆる食材のアクの影響を受ける。アクを最小限に抑えるため、イタリアの人たちがミネストローネをつくるときの手法、蒸らし炒めを取り入れている。

蒸らし炒めればアクが最小限に収められ、大根は大根、にんじんはにんじん本来の風味をしっかり保っている。汁を口に含めばきっと、緊張感のある洗練された味に驚かれることだろう。

こつは、根菜を切るとき大根の大きさを基準にすること、香りが十分立つまでごぼうを炒めること、蒸らし炒めの間は鍋中を混ぜすぎないこと、しょうゆを中心に味を調えることなど。

今回は煮干しだしを使ったが、煮干しを頭と身に分け、それぞれにいって粉にするような作業は、いまの時代には合わないかもしれない。市販の上質な煮干し粉末もあるので利用したい。

けんちん汁は、必要な栄養素がバランスよく含まれる健康食。嚥下困難な方には、汁だけすすめるのもよい。（文・矢板靖代）

第五章 日常の鍋

形面白き、大小の蓋つき土鍋の数々。
あって当たり前の土鍋だが、
実は火力に耐える土は、
世界広しといえども稀少なのである。
日本でも、限られた地方の
限られたもの。
まず「土」に驚き、感謝したい。

土鍋に風土を要約する

湯豆腐、ねぎま、大寒汁、ちり鍋の数々。水炊き、鴨なべ、すき焼き、おでん、どじょう鍋。数え切れぬ鍋中のゆらぎから、鍋にまつわる句が溢れ出している。

湯豆腐や　雪になりつつ　宵の雨　　松根東洋城

寄鍋や　幼なさ残る　箸づかひ　　有賀允恵

雑炊に　工夫わすれぬ　母の味　　国分甲子郎

こうして、「湯豆腐や　いのちのはての　うすあかり」（久保田万太郎）に至るまで、鍋と詩のかかわり、その質と量をしみじみ観ていると、泣きたいほどの相関がみえてくる。燃える火があった頃、食べ物が、煮炊きすることで食べうる状態になるか否か、揃って見守り、おいしくなれと願う。東北、北陸の年間三分の一は、願わずにいられぬ日々であったと思う。それゆえ私は「鍋」は「鍋料理」でなく「お鍋もの」と言いたい。

小手先のものではないと言いたいもうひとつの理由に、鍋ものの進歩発達をうながした日本の「土」と「木炭」の存在がある。形面白き、大小の蓋つき土鍋の数々。あって当たり前の土鍋だが、実は火力に耐える土は、世界広しといえども稀少なのである。日本でも、限られた地方の限られたもの。まず「土」に驚き、感謝したい。

次が、カセットこんろやＩＨの出現ですっかり忘れられてしまった「木炭」。この国の温帯の植生ゆえにある多様な樹木、そこから多彩な木炭がやき上がった。加えて茶道が炭の質、すなわち熱量、火力の継続時間、美しさを見極めた。需要とあいまって、日本の炭は、芸術品ともいえる程、世界随一となった。そして、好ましいふくらみの線をみせる木炭こんろ。卓上に置いても美しい熱源が、鍋ものの発達をうながしたことを見逃せない。

何よりも声を大にして言いたいのは、「菓子パン族」の皆さんへである。食材が新鮮で、組み合わせに留意し、上質の調味料を用うれば、苦はなく幸せに鍋は囲める。翌日は残りものでうどん、おじやも食べうる。単身者も栄養の偏りを防げる。孤独がつのるなど、知った風なことを言うなかれ、鍋が人を招くかもしれぬ。

終わりに、愛する旬の食材たちに大感謝。

食材を賢く美味に

牛すじ肉と香り野菜の横どり鍋

牛すじ肉と香り野菜の横どり鍋

つくり方（136ページ参照）

次の時代を迎え撃つ食し方がある。従来全くないがしろ、かえりみなかった食材を賢く美味に摂る方法だ。これはその一例。ゼラチン質にとむすじ肉（銘柄牛なら申し分なし）をやわらかく炊いたものは、ゼラチン質独自の旨味と口触りが例えようがない。コツは下処理にある。深鍋にすじ肉、ねぎ、しょうが、昆布、しいたけ、梅干、塩を入れ、水は材料の上3センチほど。煮立つまで強火、煮立ったら鍋ぶたをして弱火で、すじが充分やわらかくなるまで煮る。添え野菜類はすべていたって細い千切り。薬味は大根おろし、あさつき。かんずり、柚子こしょう。柚子カボスなど、しょうゆ。鍋中のとりスープは酒を利かせる。すじ肉をたっぷり投じ、ゆっくりあたためる。まずこのとろり、ぺろりを薬味類で受けていただき、合の手に極細のセロリ、芹などを一箸つまみ上げたら、つまんだまま、スープの中でしゃぶしゃぶ。シャキッとしたところを食す。肉はペロリ、野菜シャッキリ。

大寒汁

ぶりの姿形の潔さ

大寒汁

能登のぶりにはじめて対面した時、姿形の潔さに心打たれ「ああ海へ帰してやりたい」と胸苦しかった。その申し訳なさがこの料理となった。

つくり方

1　ぶりかまの切身に、薄塩、レモン汁、しょうが汁をあて2時間／滲出液をぬぐう。できれば炭火で焼く。焼けたはしから浸し地（日本酒と少量の薄口しょうゆ）につける。途中天地かえして20分ほど。

2　大根は太めの千六本。1時間程風にさらす。薬味は日本ねぎ2センチほどのぶつ切り、別網で焼く。芹もあるとよい。七味も用意。炊き地は、すまし汁または薄いみそ仕立て。大根は歯ざわりを残す。ぶりとねぎは同時進行。

鍋のこんなこと

「今夜は寄鍋よ、こんろに火を用意して頂戴」

六人分の寄鍋を、途中で炭のつぎ足しをせず仕組むには読みを必要とした。

炭はやわらかく着火力のよいものと、火力が強く継続力のあるもの二種を組んだ。

すき焼、おでんなど容易だったが、寄鍋は気遣いした。生きてゆく洞察力を理屈なしに躾《しつ》けられたと思う。

若い人への救世食
汁かけ飯

汁かけ飯

汁かけ飯の根源は救荒食（米を食いのばす）である。これはよくその原形を示していると考える。母は逼迫した戦時中の夕食にある日忽然と、この食べ方を登場させた。救荒食そのものとは知らず自ら誘われる如くであった。

麦飯は茶碗にひかえ目に。野菜汁をつぎかけ、好みの薬味をふる。まず一口汁をすすり、あとは茶漬け同様。だしは煮干しながら美味だった。

この食方法は、現代の若者の救世食かもしれない。栄養学的にも、低下した調理能力のためにも。作り食さぬと理由は摑めぬ。

つくり方（137ページ参照）

1　大根は皮をむき千六本、にんじんは大根より細く千切り。ごぼうはささがき、水にさらす。干ししいたけは薄切り、里いもは皮をむき1・5センチ厚さに切る。切った里いもはぬかを加えた水でゆでこぼしておく。

2　土鍋にだしとしいたけのもどし汁を入れ、調味はひかえめの清汁味。

3　風にあてた大根とにんじん、そしてごぼうとしいたけを入れ、五分どおり軟らかくする。ここで味をしっかり調え、里いもを加えて軟らかくなるまで煮る。

初心者向き
豆腐と白菜のあんかけ鍋

市販の品を使って

一人用に仕立てた みそ煮込みうどん

豆腐と白菜のあんかけ鍋

この鍋は、あんかけ豆腐では献立として、別に野菜を必要とするゆえ、二つを一つにした。共働き、一人暮し、料理初心者向き。土鍋にだしをあたため、ひかえめに塩、薄口しょうゆで調味。細切りにした白菜を投じ、やわらかくなったら、調味し直し、だしでといた葛でとろみをつけ、拍子木切りした豆腐を落し、おろししょうがを添えて食す。

一人用に仕立てたみそ煮込みうどん

　鶏肉、かまぼこ、卵、青菜、ねぎ、しいたけなどと煮立てた一人用のみそ煮込みうどん。うどんを食べ終わって、残り汁にご飯をあけ、たくわんですべて食べきる仕掛けになっている。

　うどんやみそなどは市販の品を賢く使ってよい。ここで使ったのは、カクキューの八丁味噌煮込うどん（171ページ参照）。国産小麦を使った本格熟成麺と、豆みそを使った本場の品。

かんどころ

牛すじ肉の下処理。熱湯で肉を湯びき、よく洗ってボウルに入れ、わずかな水を流しながら30分さらす。

すじ肉を下煮する。煮えたら肉以外を取り、鍋ごと冷やした後に肉を出す。汁は脂を除き他料理へ。

汁かけ飯の下処理方法。にんじんと大根は千六本にし、ざるに広げて最低1時間は風に当てておく。

美しい鍋中。里いもを加え煮るが、里いもはあらかじめぬかを加えた水でゆでこぼしてあり、アクもない。

おいしい鍋を楽しむコツ

家庭で鍋を囲むとき、そこに笑顔があふれるか、成否のカギを握るのは材料の下処理だろう。仮にたらちり鍋が嫌いな人がいたなら、この人は不幸にして準備不足の鍋に出合ったのだろうと、つい想像してしまう。

菜や根菜、野菜類にも下処理を施すべきものがあるが、魚介類や肉類はやるやらないで全く味が違う。つまり、おいしさのためには下処理が必須である。

魚なら、たとえうろこを外してあるものでも、包丁の背などでさらにていねいにこそぎとる。レモンを浮かべた湯で下ゆでし、きれいに洗って鍋に投入する。肉も同じように下ゆでし、脂や汚れを落としておく。貝類には適量の塩をまぶし、両手を使って互いの殻をこするように洗い、すすいで殻から黒い汚れを落とす作業を何度も行う。かきのように殻がない状態で売られる貝も同様に、塩でふり洗い、汚れをとる。

魚は湯引くだけでなく焼く下処理も有効だ。かまやあらに塩を振り、滲出液を逃すような、すのこ入りの容器にのせ、数時間から二日程度、冷蔵庫などにおく。それをこんがり焼いて鍋へ加えると、とても美味。

また、鍋というと多くの具材を一緒に、ぐつぐつと煮るのが一般的なようだ。しかしできればごった煮はやめ、鍋のだしで人数分の具を温めながら、一人前ずつ器に盛って清く供したい。

（文・矢板靖代）

自己救済術案
ぬちぐすい

日本ねぎのヴルーテ

朝のスープ

ヴルーテ（143ページ）を使った朝のスープ。瓶からカップに大さじ1のヴルーテを入れ、湯を注ぐ。白まいたけを浮かせる。

夕のスープ

あさりの汁を仕立て、日本ねぎのヴルーテを入れる。海・山の栄養を同時に摂取し、力を一気にもらう。

自己救済術案
（時間不足、単身、不器用人、倦怠人のため）

生きるとは、いのちを完成させることだ。それには、個→社会→国→地球全体で、必須条件を創出せねばならぬ。ここに示すのは、一から始めうる、容易な手がかりである。頭はやわらかく、しかし根源的に使いたい。

ぬちぐすい

沖縄の起死回生用と聞いた。ぬちはいのち、ぐすいはくすり。丼にしっかりひとつかみのかつお節、おろししょうが小さじ1～2、薄口しょうゆかけまわし。熱湯を注ぎかけ、ふたをきせ、1分。上澄みだけ飲む。総身にしみる。梅干しをしのばせてもよい。

スゴいものだ、日本ねぎのヴルーテ

小口切りにしたねぎとしょうがをオリーブ油で炒め、ねぎがぺったりしてきたら白ワインを加えてさらに煮、アルコール分を飛ばす。スープと水を加え、下の写真のようにどろどろになるまで煮ると完成だが、かなり時間がかかる。富山大学生薬研究所の林利光教授は、マウスの実験で、日本ねぎにインフルエンザ予防の効用があることを証明なさった。免疫力が高まること請け合いである。

良質なだしの市販品

「潮の宝」「黒潮の力」「チキンクリアスープ」など、だしの市販品を利用する。詳細は167、170ページ。

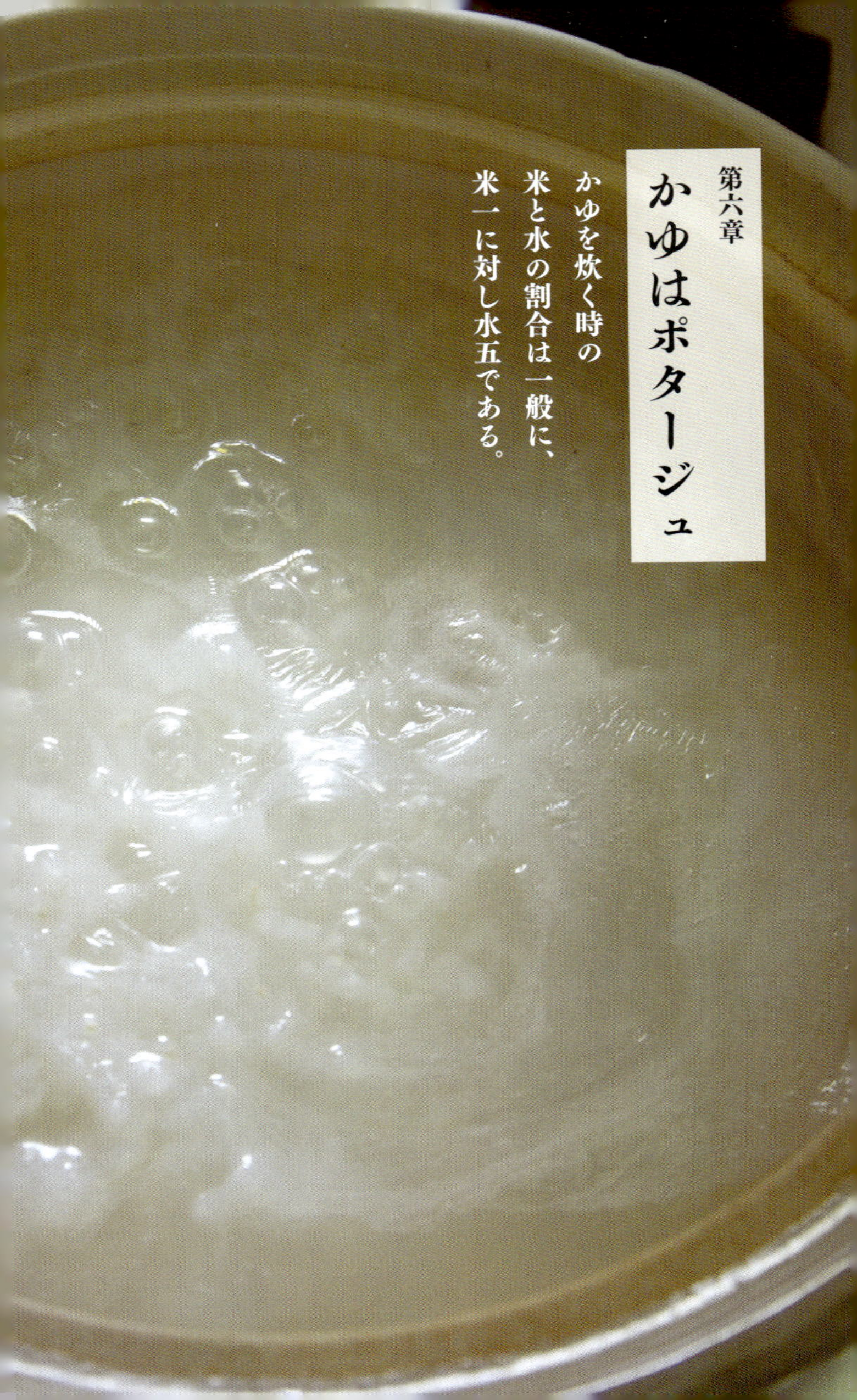
第六章
かゆはポタージュ
かゆを炊く時の
米と水の割合は一般に、
米一に対し水五である。

見るという字は人の上に大きな目を書いたことから始まり、
「みる」と訓ずる字は二百ほどという。
人間とみることの関わりを示してあまりある。年を重ねる喜び、
面白味のなかに、ものの、もの事の見え方の推移ということがある。
特に手足を使って年季を投入してきたものは、
おのずから観るべきものに目が向いてゆくから有難い。
おかゆがポタージュに観えてきたのも、この、一種の方則性のゆえと思う。
おかゆを立派なポタージュと云いふらして、
人目をひくためではありません。

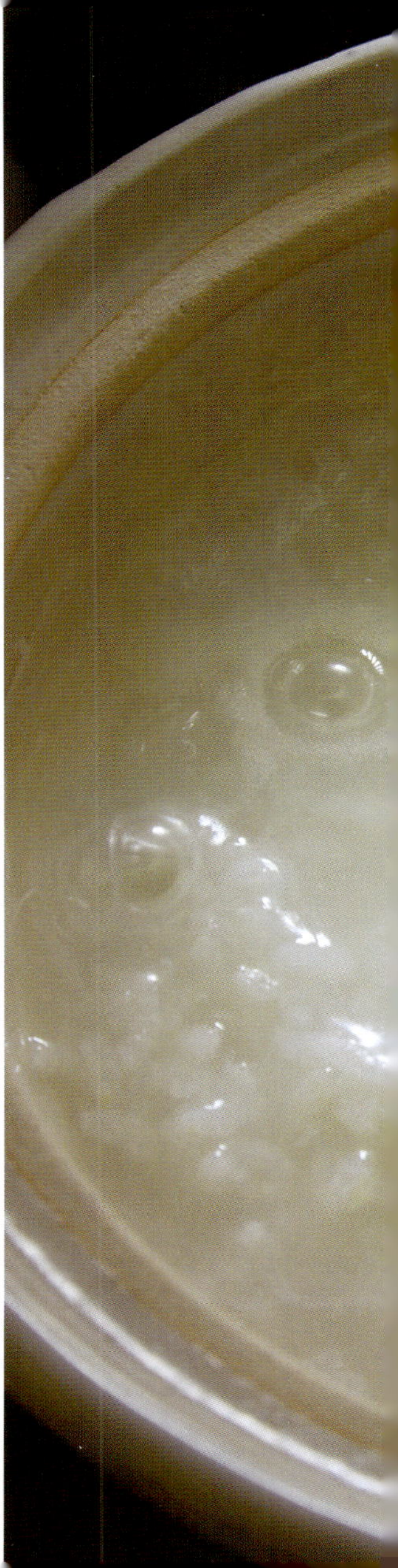

かゆ、穏やかにいのちを養う

スープを習い手がけて四十余年。考案したり、考えたり。つねに弟子達ともども視てきたのは、いのちとスープとの関わりである。

特に老、幼、病むいのち。心身の憔悴。傷つきやすいいのちをスープが癒し守るのを視てきた。

しかしこの冥利につきる経験にも悩みがある。

おしなべて見えるのは、スープは多くの人々にとっていつまでたっても海の向うのもの、骨肉感に乏しいことで、それは食べるためにも、さらに作るためにもである。スープはホテル、レストランを通して私達の口に入り、ポタージュの代表は念押しの如くコーンスープであった。これが意外に厚い壁であることに気付かぬ方が多い。

第六章　かゆはポタージュ

東西のスープを見ますに、東には、あの野菜を裏漉ししたポタージュ・リエに属するものはみられない。なぜ西にあるのでしょう。私は発祥を調べる文献にゆきあたれず、料理人達からいまだ由来を聞き出していない。

唯一個人的にたぐれるのは、「ポトフの鍋底」のことである。

一八〇〇年代にフランスで軍艦を造った祖父の言葉である。

「あれは日がな炉にかかっていてね、煮えたものから順に食べ、足らなくなったものを補うのよ」。思うにこうした鍋の底には、つい煮くずれた、たまねぎ、じゃがいも、などが溜る道理である。このくずれは、離乳、病人に重宝至極。ある日野菜類のみで、わざと煮くずれを作った甲斐性者が現われたとしても不思議はない。事始めというものは、こんなほほえましさから始まるのではないか。

かゆをポタージュとしてとりこめないか。オートミールに豆腐のみそ汁をかける、白がゆにポタージュを添えてみた。この「あらいいじゃない」がかゆをたぐりよせられた事始め。

代表は七草
菜がゆ
日曜のブランチに
小豆がゆ

罪のない味
芋がゆ
学中のだし、しょうゆで
葛引きがゆ

小豆がゆ （小豆がゆ、菜がゆ、芋がゆのつくり方156～157ページ参照）

小豆は多目に炊き、小分けして冷凍、使いまわす。小豆はビタミンB_1を多く含む。昔から脚気の妙薬とされ、毎月一日・十五日は小豆飯を食べるきまりがあった。便通・利尿・駆虫・肉類の中毒に有効。お乳を出す・二日酔。動物にかまれたら、小豆粉を水で飲むと毒が体にまわらぬと云う。私も激務の時は、ゆで小豆か小豆飯を摂る。小豆がゆは日曜のブランチに。冷凍した小豆を加え、かゆを炊く。米との割合は米の4分の1から3分の1ほど。ゆで汁も水加減に使う。塩は米1合に小さじ2分の1。

菜がゆ

菜がゆの代表は七草がゆ。すずな、すずしろ、はこべ、なずな、母子草、芹、仏の座。すべて薬効を秘めており、しかも厳冬だから、あくは最低量。昔の人がいのちがけで食えらびしていた事実が見える。「食文化とはいのちを大切にする体験統計である」。この様に要約する方は少ない。作る人は言葉は持たず、作らない人が書くからかな。青菜のポタージュは練達を要すが、菜がゆなら明日から出来るでしょ。

芋がゆ

世に「罪のない味」というものがある。いも類はおしなべて押しつけがましくないが、さつまいもは加えて甘味がある。米の旨味と、この甘味は、仲が好い。気がたかぶっている人に食べさせるとよいかも。いもの皮は勿体ないが厚目にむく。1センチか1センチ5ミリくらいの角切りにし、さっと水洗いし、塩水に10分ほどつけ、ざるに上げる。五分通りかゆが炊けたらいもを加える。おなめは沖縄風の豚みそかな。

葛引きがゆ

一番だしと素性の知れた薄口しょうゆを掌中にしていないと、この美味・この有難味にあずかれない。作り方はなんのことはない。

かゆは、米1対水4、水分ひかえめ。すまし汁を仕立てる。本葛は冷ましたすまし汁でとき、すまし汁に葛を引く。このとろりでかゆをくるみお口へ。

葛は内をあたため、渇きを止め、下痢をなおし、酒毒をとく。近年医療者の用いる、むせ防止のとろみ剤とは次元を異にする。とろみ剤は排便困難の元凶とか。

上品、この上ない
ゆり根がゆ

和風ミネストローネ

みそ汁のおじや

ゆり根がゆ

具材を添えたおかゆの中で、上品この上なく、私のもっとも大切、もっとも好むところのものである。ゆり根には神経を鎮める薬効もある。

よい米とゆり根は、互いを引きたて合うと思う。美味に仕上げる注意は、ゆり根の鱗片は、外側は厚く大きく、中心に向うにつれ、小さく薄いと知ること。中心部は別扱いにし、梅肉和えにでもされるとよい。鱗片はしっかりめの塩水に15分ほど漬け、かゆが七〜八分通り炊けたら投じ、蒸らし気味で炊き合わせる。

みそ汁のおじや

じゃがいも、にんじん、たまねぎ、しいたけを一センチの角切り、又はさいの目に切り、だしで下煮する。野菜が煮えたらざるにあけ、ゆで汁でみそをとく。食す直前にみそ汁を火にかけ、ゆでた野菜を加えて温める。その汁でおじやを仕立てる。

「おじや」と「雑炊」は異ると私は思っている。

おじやは、ご飯を洗わず、そのまま熱した汁に移し入れる。仕上りは、米のねばりを感じるが、米のうまみが残っている。雑炊はご飯を水洗いするから、さらっとしているが米のうまみに乏しい。

おじやをつくるべく、汁を余分につくる――和風のミネストローネである。

かんどころ

小豆は多目に炊きあげておき、小分けして冷凍しておくとよい。随時、使いまわす。

七草がゆにする場合は、生葉の軟らかい芯のみを刻み、塩もみし、軽くしぼり、かゆに投じる。

菜を投じるやいなや、熱湯カップ3分の1ほどをさし、全体をまぜる。それで食べ心地が生じる。

芋がゆの下準備。芋はまず水にさらし、続いて塩水にさらしてアクをとると万全の処理。

芋はかゆが炊き上がる前、五分どおり炊けたところで加える。塩少々も振り入れる。

ゆり根は１枚ずつはがし、塩水につける。先人の知恵に支えられた養生がゆ。

気持ちを入れてかゆを炊く

子供のころから、かゆ、餅といった白い食べものには、清らかさを感じた。とくに白かゆはその穏やかな味わいを含め、気持ちを落ち着かせる清々しさをもつ。かゆは病人食とされることしばしばだが、こころが安らぐようなその色合いも、大いに影響しているのだろう。個人的には、かゆの中でも神々しい白さの、ゆり根がゆがもっとも好きだ。

ゆり根は根菜にしては、たんぱく質やカリウムを多く含む。炭水化物や食物繊維も豊富で、昔は薬用として食された。滋養強壮、利尿、せき止め、産後の回復などに効く食材として。

ゆり根がゆは、かゆと同時にゆり根の豊かな滋養をとることができる。米とゆり根が炊き上がり、渾然一体となったやさしい口ざわりには、何の違和感もない。異物が無理に合わさったような緊張感が、少しもないのである。

病人に供しようとするときは、その快復を祈りながら、気持ちを入れてつくりたい。米を研ぎ、しばらく水に浸してから、吹きこぼれないように炊き上げる。

鍋はやはり、土鍋。昔は片手のついた陶器の小さな片口鍋を「行平鍋」と呼んで重宝したが、いま同じものは見かけないようだ。その代わり、両手付きの小ぶりの土鍋が出回っている。これもほどよい熱を伝え、使い勝手のよいものだ。買うときは、なるべく分厚いものを選んだ方がよい。

（文・矢板靖代）

現代性そのもの
ミールの変わりがゆ

オートミールの
みそ汁かけ

スーパーミールの
ヨーグルト和え

ミールのこんなこと

父のお夜食は、いつの間にかオートミールがゆに豆腐のみそ汁が定着した。

風呂に入る時間で出来たてが供せる。残りものがでない。

茶碗蒸しの具もオートミールにすることがあった。

幸田文さんがどこかで絶賛して下さった。

ミールの代表的な食べ方には、次のようなものがある。

①前夜からミールの二・五倍のヨーグルト、又は牛乳に浸しおき、果物を加える。

②鍋に湯をたぎらせ、塩ひとつまみ、ミールを入れて軟らかく煮て、みそ汁をまわしかける。

ミールの変わりがゆ

「雑穀」を食べるとよいという方がふえている。しかし不思議なことに燕麦、即ちオートミールの奨励は中々現われない。北海道も燕麦は馬の食糧との思い込みから脱しきれず、胸を張っての地域起しのきっかけにしていない。

オートミールは、栄養消化にすぐれ、作るに手間暇いらず、現代性そのものですのに。私はさらにこのオートミールを強化して、食生活の中心に据え、時間を贖《あがな》い出す勘考をしました。

つまりこれがスーパーミール（171ページ参照）。即ち玄米胚芽、小麦胚芽、ひきくるみそば、きな粉、小豆粉、ごまを適正配合し、これを低温ローストし、劣化を防いである。

二～三日分ヨーグルトでねりおき、冷蔵。毎朝茶碗に一杯、バナナやりんごを刻み込んでしっかり食べる。まれなる栄養学的機能食。継続すれば働ける。食べて欲しい代表は外科医。

かゆの供

味は五味に加えて淡味がある、淡味の代表は白かゆだろう。こうした淡味の合の手に「おなめ」が要る。淡味との味の落差をさけ、梅干しでさえ梅びしおにする。かつお節のでんぶ、卵黄。汲み上げ湯波、みそ漬によいものがある。

梅びしお

梅干しを水に浸し一晩おき、塩を出す。種を除いて裏ごしし、鍋にみりん、酒、グラニュー糖とともに入れて火にかけ、味をなじませたもの。梅干しは金けに反応するので、ほうろうの鍋を使い、裏ごし器は馬毛が望ましい。

かつお節のでんぶ（我が家伝来）

炒って粉状にした本枯かつお節を水と調味料とともに鍋に入れ、煮たもの。調味料は酒とみりん、しょうゆ、梅干し、炊きあがりに好みでゆかりと刻んだ紅しょうがを加える。かつお節粉と調味料、梅干し、水を入れた鍋を木べらで混ぜつつ、弱火でコトコトさらりとするまで炊く。病人向けには水の代わりに昆布だしを用いる。

ゆかりの刻み

梅干しを漬けるのに使ったゆかりを広げて乾かした後、細かく刻んだもの。おむすびなどでおなじみだが、紅しょうがを刻み加えている。梅仕事は毎年のことだが、ゆかりにする赤じそも庭に生えたものを使い、完全無農薬自家製である。

さくらえび、又はちりめんじゃこの風味オリーブ油炒め

旬の新鮮で安い時期に、さくらえびを多めに買って作るとよい。ちりめんじゃこやわかめも可。みじん切りにしたしょうがをオリーブ油でやさしく炒める。さくらえび（またはちりめんじゃこ）をぱっと投じて炒め、酒を振る。炒まったらびんに入れて保存する。

おすすめの食材、調理道具の一覧

第一章

◉みそ（問合せ先＝すべて茂仁香）

善光みそ・まごころ（甘口）1620円（1kg）
善光みそ・けやき 1080円（1kg）
ともに麹100％の伝統的な信州づくり。
「まごころ」は国産大豆を使用。 **糀屋本店**

北海道産大豆八丁味噌 1944円（800g）
添加物を使わずじっくり熟成。 **カクキュー**

万葉乃里 972円（500g）
うす口しょうゆ「紫大尽」の製造元、大久保醸造店のみそ汁用玄米麹みそ。

◉道具（問合せ先＝すべてSD企画設計研究所）

すり鉢とすりこ木のセット（小・中・大）
小5508円〜大3万7780円
すり鉢は揺《す》るだけでなく器にもなる。

馬毛裏ごし 細目（直径240㎜）
1万2744円
品物が届くまで時間がかかる場合がある。

すり鉢の角度とすりこぎの形に工夫があり、通常の3分の1の時間ですれる

第二章

●だし（問合せ先＝すべて茂仁香）

利尻昆布　4439円（300g）
切り落とし昆布　2808円（500g）

利尻昆布は北海道産最高級の昆布。切り落とし昆布は上質の利尻昆布の形を整える際にでき、茶褐色の部分もあるが、ていねいに扱えば日常に使える。**そうべい／茂仁香**

花かつお（四季重宝）1728円（160g）

厳選された一本釣りの鰹が原料の本枯節。3番、4番黴までくり返す伝統的な技法で仕上げた。**まるてん**

煮干しいりこ　864円（200g）

香川県の伊吹島周辺でとれる片口いわし。上品なだしが引ける。**やまくに**

潮の宝　1296円（10g×8パック）
黒潮の力　1404円（11g×8パック）

潮の宝は瀬戸内海の片口いわしのはらわたなどを除いて炒り、粉末にしたもの。国産しいたけ入り。黒潮の力は高知県産かつおの中骨を炒って粉末に。乾燥にんじん、しいたけ、ねぎ、しょうがを加えた。**やまくに**

第二章、第三章

◉干ししいたけ（問合せ先＝茂仁香）

久住高原 かとうさんちの乾しいたけ
どんこ（１００ｇ）１３５０円
香信（１００ｇ）１１３４円

名人・かとうさん作の大分県産原木しいたけ。**かとうさんち**

◉調味料（問合せ先＝すべて茂仁香）

粟国の塩 １２９６円（５００ｇ）

粟国島近海の海水を釜炊きした塩。デパートや大手スーパーも扱う。**沖縄海塩研究所**

紫大尽 １０２６円（９００ml）

大豆は国産、塩は沖縄のシママース、水は炭でこしたものを使い、木の樽で仕込み熟成させたうす口しょうゆ。**大久保醸造店**

◉玄米、炒り玄米（問合せ先＝すべて茂仁香）

有機栽培米 ブナのちから ４８６０円（５kg）

新潟県朝日村のぶな林から湧き出る清流を引いた水田で栽培したコシヒカリ。玄米もある。**貝沼農場**

古代福米　4536円（5kg）

古代米と、寒さに強いこまちを同時にまき、水田開設以来無農薬、有機栽培で育てた。白米もある。青森県産。**福士農園**

煎り玄米（250g）864円

新潟県の認証を受けた特別栽培米のコシヒカリを100％使い、心を込めて炒った手作りの炒り玄米。玄米スープの玄米を炒る時間のない人に。**NPO法人 加治川**

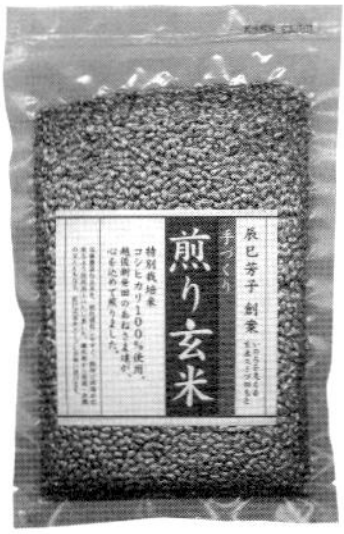

◉梅干し（問合せ先＝茂仁香）

龍神梅　1101円（280g）

和歌山県龍神村の無農薬、無化学肥料の梅でつくった梅干し。**龍神自然食品センター**

◉道具（問合せ先＝SD企画設計研究所）

ミモザ　多機能蒸気調理鍋　1万4040円

（蒸し鍋の直径約25・7cm×高さ約23cm）

蒸気調理鍋と内鍋（ともに本体にふた付き）、スノコ、金網。内鍋はしいたけスープなど液体を蒸すほか、煮ものにも使える。**野田琺瑯**

第四章

◉鶏のブイヨン（問合せ先＝茂仁香）

チキンクリアスープ200

4320円（200g×10パック）

2年齢以上の親雌鶏を丸のまま4時間以上煮たブイヨンを冷凍したもの。化学調味料は無添加、100％天然素材。大半のスープのだしとして利用でき、幅広く使える。冷凍保存で賞味期間1年間、使用の際は5〜10倍に希釈する。

日本スープ

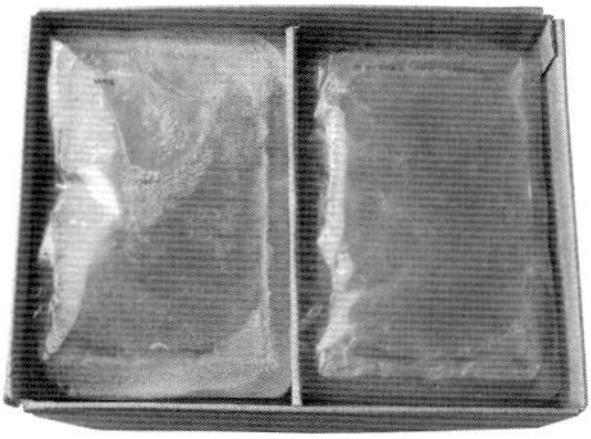

◉油（問合せ先＝茂仁香）

EXVオリーブオイル ノストラーレ

2430円（500ml）

最高の収穫期に手摘みで実を選別して採り、化学的処理は一切施されていない。酸化物混入率が1％未満のエクストラバージンオイルはヴェルデ、オーロ、ノストラーレの3クラスに分けられる。ノストラーレはその自然精製度の高さから、料理のほか化粧品や医薬品に使われ、オリーブ油の原点ともいえる純正品。イタリア商事

◉干ししいたけや、そのほかの調味料は168ページを参照

第五章、第六章

◉うどん（問合せ先＝カクキュー八丁味噌）
八丁味噌煮込うどん
1512円（120g×4袋）
上質の豆みそと、本格熟成麵との相性がよい本格派。麵は国産小麦を使っている。

◉ミール（問合せ先＝茂仁香）
スーパーミール　3132円（800g）
燕麦、ひきくるみそば、きな粉、玄米胚芽、小麦胚芽、小豆粉、ごまの7種類で、すべて国産。プラザホテル板倉

＊商品の価格は税込み、2016年2月現在のものです。

◉茂仁香　☎0467-24-4088　http://monika.co.jp/

◎ＳＤ企画設計研究所　☎045-450-5331
http://www.yk.rim.or.jp/~4_5indij/

◎カクキュー八丁味噌　☎0564-21-1355
http://www.kakuq.jp/home/

締めくくりの言葉

矢板靖代

料理は愛情を示す手立て。辰巳芳子先生のお考えを一言で表すと、そうなるでしょうか。愛情とは、自他に示すやさしさのことです。

幼い頃に風邪をひくと、私の母は決まっておかゆを炊いてくれたものです。おかゆの上澄みをすくったおもゆは、まだ高熱が続くときに。また、削り残ったかつお節の小さな赤い芯を入れ、じゃがいもや人参などの野菜類を大ぶりに炊いたスープも、初めのうちは上澄みのお汁だけ。体力が回復してくるに従って、野菜をつぶして。あるいは麩の卵とじなども作ってくれました。かつては日常茶飯のことでしたが、今、そんな風に育ててもらっている子どもはどれだけいるのでしょうか。

辰巳先生の母上・浜子先生とは、同じ湘南の地に暮らしたご縁もあり、教会主催の浜子先生の講演会へ、たびたび母と伺いました。先生の書かれた本は、すべて家に揃っておりました。いま思えば、我が家のちらしずしは辰巳家の作り方でした。

やがて芳子先生に師事するようになり、もう三十年。スープの会をお手伝いするようになって十数年になります。

先生を仰ぎ見て、その使命を果たすお手伝いをしたい、先生のお考えを全国の人に伝えて歩く伝道師になりたい、と思ってきました。

この本に書いたのは、本ものの作り方です。でも、型にはめ込むように受け取らないでください、と今回は申し上げたいのです。だしがひけないときは、こぶのひとひらを浮かせても、水だしでも、作らないよりはずっとましです。まずは作ってみること。それを目標になさってみてください。

やいた・やすよ
1980年から辰巳芳子に師事。女子栄養短大卒。栄養士。NPO法人「良い食材を伝える会」理事。「大豆100粒運動を支える会」幹事。「スープの会」の講師、助手を務める。神奈川県逗子市で老人給食「ちぐさの会」を15年間主宰した。著書に『家族いっしょに　お年寄りのやさしい献立』（共著・女子栄養大学出版部）。

辰巳芳子　たつみ・よしこ

1924年、東京都生まれ。料理研究家・随筆家。聖心女子学院卒業後、料理研究家の草分け的存在であった母・辰巳浜子のもとで家庭料理を学ぶ。宮内庁大膳寮で修業を積んだ加藤正之氏にフランス料理の指導を受け、その後イタリア、スペインなど西洋料理の研鑽を積む。父親介護の経験からスープに着目し、鎌倉市の自宅などで「スープの会」を主宰。雑誌やテレビなどのメディアを通じて料理を紹介する一方、東西の食文化の歴史、地球環境にも関心を抱き、食の大切さについて積極的に発信している。NPO法人「良い食材を伝える会」会長、「大豆100粒運動を支える会」会長。主な著書に『新版 娘につたえる私の味』（辰巳浜子との共著／文藝春秋）、『あなたのために　いのちを支えるスープ』『庭の時間』（ともに文化出版局）、『辰巳芳子の旬を味わう』『慎みを食卓に〜その一例〜』（ともにNHK出版）、『辰巳芳子のこととことふっくら豆料理』（農文協）、『食の位置づけ〜そのはじまり〜』（東京書籍）、『いのちの食卓』（マガジンハウス）など。

料理制作スタッフ　矢板靖代、対馬千賀子、太田美千代

カバーデザイン　大久保明子　　本文デザイン　藤野輪

文春新書

790

辰巳芳子《たつみよしこ》 スープの手《て》ほどき　和《わ》の部《ぶ》

2011年 1月20日　第1刷発行
2022年 6月25日　第10刷発行

著　者　　辰巳芳子
発行者　　大松芳男
発行所　株式会社　文藝春秋

〒102-8008　東京都千代田区紀尾井町3-23
電話（03）3265-1211（代表）

印刷／製本　凸版印刷

定価はカバーに表示してあります。
万一、落丁・乱丁の場合は小社製作部宛お送り下さい。
送料小社負担でお取替え致します。

ISBN978-4-16-660790-7